中华中医昆仑

金世元学术评传

张镜源◎主编

中国盲文出版社

图书在版编目（CIP）数据

金世元学术评传（大字版）/ 张镜源主编. —北京：中国盲文出版社，2015.12

（中华中医昆仑）

ISBN 978-7-5002-6852-9

Ⅰ. ①金… Ⅱ. ①张… Ⅲ. ①金世元—评传 Ⅳ. ①K826.2

中国版本图书馆 CIP 数据核字（2015）第 317016 号

金世元学术评传

主　　编：张镜源
责任编辑：亢　淼
出版发行：中国盲文出版社
社　　址：北京市西城区太平街甲 6 号
邮政编码：100050
印　　刷：北京华联印刷有限公司
经　　销：新华书店
开　　本：700×1000　1/16
字　　数：42 千字
印　　张：6.5
版　　次：2015 年 12 月第 1 版　2016 年 3 月第 2 次印刷
书　　号：ISBN 978-7-5002-6852-9/K·457
定　　价：12.00 元
销售服务热线：（010）83190297　83190289　83190292

丛书编委会

前 言

中医药是中华民族的伟大创造，是世界医学宝库中的夺目瑰宝，数千年来为中华民族的繁衍昌盛作出了巨大的不可磨灭的贡献，至今仍是中国医药卫生事业不可分割的重要组成部分，在维护民族体魄康健、促进经济社会发展中发挥着不可替代的作用。

中医药学，是中华传统文化和科技文明的结晶，是勤劳聪慧的中华儿女在几千年生产生活实践中，在与疾病作斗争的过程中，创造的独具特色的医学科学体系。它有着浓郁的民族特色、深厚的文化底蕴和丰富的哲学内涵。经过一代又一代中医药传人、一辈又一辈名医大家的实践探索、薪火传承、总结完善、创新发展，逐步形成了系统的理论体系、独特的诊疗方法、丰富的医学内容、实用的制药技术。具有疗效确切、用药安全、应诊灵活、普适简廉和预防保健作用显著的巨大优势，在世界医学之林独树一帜，为人类的文明进步与医疗保健事业，已经并正在作出积极的贡献。

为了弘扬中华民族传统文化，彰显中医药学家的丰功伟绩，当代中医药发展研究中心与中国文学艺术界联合会、国家中医药管理局新闻办公室、中华中医药学会、中国中医科学院、北京中医药大学、世界中医药学会联合会等精诚合作，在国家中医药管理局的支持和指导下，为中华近现代百年来贡献卓著、深受敬仰的150位中医药学家，编撰出版了这部大型传记丛书。丛书采用评传体裁，记载他们的生平事迹、医术专长、学术思想、传承教育、医风医德、养生之道和突出贡献，使这些宝贵的医学成就和精神财富发扬光大，千古流芳。

丛书取名《中华中医昆仑》。昆仑山，被尊为“万山之祖”，柱西北而瞰东南，立中国而凭世界，凌驾乾坤，巍然屹立。以其高峻豪迈、绵延起伏的磅礴气势，寓意中华中医药学历史悠久、博大精深和永不衰竭；以其挺拔雄伟、高耸入云的恢弘气魄，彪炳一代中医药学家的丰功伟绩、杰出贡献和不朽勋业。

丛书入选传主，从全国范围推荐遴选，遍及中医药界各个领域。有临床家、理论家、药学家、教育家、医史文献学家；有名师亲授、世医家教、学派传人、院校毕业和自学成才者；有师徒并驾、父子齐名和伉俪联袂者。他们学术造诣深厚、诊疗技术精湛、临床经验丰富、学科地位崇高、科研成果丰硕、医风医德高尚、国内外影响较大，从医学理论到临床实践，为中医药事业的传承和发展作出了突出贡献，是近现代百年来中华中医药界的杰出代表。

丛书的出版，对于弘扬中华文化，振兴中医药事业，造就中医药人才，普及中医药知识，具有重要的现实意义和深远的历史意义。这是一项开创性工作，填补了我国为著名中医药学家大规模撰写传记的空白；也是一项抢救性工作，因入选传主已仙逝过半，许多亲历、亲见、亲闻的史料日见散逸，将之收集整理、编撰成书，功垂后世、利国利民；更是一项承前启后的工作，总结传主经验，传承中医药伟业，继往开来，光耀世界医学之林。这部医文结合，富蕴历史性、学术性、文学性和实用性的鸿篇巨制，对医疗、卫生、科研、教育及全球关注中华中医药文化的各界人士，都有重要的参考和阅读价值。

丛书的编撰出版，是一项巨大的中医药文

化建设工程，在策划、撰写、编辑、出版过程中，自始至终得到了国家有关领导、政府部门及社会各界人士的关心和支持。国家中医药管理局高度重视，并组织专家对全书进行终审；数百名专家、学者亲临指导，参与规划；有关省、市、自治区卫生厅、局、中医局（处）给予大力帮助；传主及其亲属、弟子热情支持、密切配合；撰稿人深情满怀、辛勤笔耕；编审专家尽心竭力、精工细琢；关爱中医药事业的企业家热心公益、慷慨资助；全体工作人员不辞辛劳、无私奉献，这一切使丛书得以顺利出版。对此，我们深表谢意。

由于时间紧迫和资料搜集困难，加之水平有限，难免有疏误之处，敬请广大读者批评指正。

中华中医药学，历史悠久，源远流长，发端于远古，奔向于未来。百年对于历史，不过是短暂的瞬间；百人对于万众，不过是沧海一粟。然本丛书所记载的百年百人，则无疑是波澜壮阔的中医药发展史上辉煌的篇章和光芒闪烁的璀璨星辰。

张镜源

目录

我这一生，看淡名利，乐于草本。一生也有坎坷，但每一次都在坎坷中寻找机遇，在机遇中寻求创造，在创造中力求完满。从事中医药七十年来，我总结出的经验是，一个人的智慧要用在勤奋上，遇上了机遇要把握好，在实践运用中要发挥好才能。

——金世元

2000 年 1 月，新世纪刚刚拉开帷幕的第 16 天，那个喜气洋洋的上午，人民大会堂里热闹非凡，高朋满座，名医云集。北京市中医药学会、北京卫生学校、中国药材集团公司、北京同仁堂集团公司等 6 家单位正联合举办一场盛大的庆祝活动。

“桃李芬芳，教诲杏林。”——全国人大常委会副委员长、民革中央主席何鲁丽的题词。

“振兴中医，造福人民。”——原卫生部部长钱信忠的题词。

“金老以半个多世纪的精力，从事研究中药材的鉴别与炮制，不但为中医中药的发展作出了不可或缺的贡献，还为把博大精深的中华医学推向世界，奠上了一块结实的基石。”——全国政协常委、中国民主促进会名誉主席叶至善的题词。

随着一幅幅题词的展现，人民大会堂内一次次掌声雷动。

那一天，来自全国中医医疗、科研、教学、预防、保健、中药研制、生产、经营、管理等各方面的医药专家500余人汇聚一堂，隆重庆祝一位74岁的老人从事中药工作60年来为中医药事业作出的巨大贡献。

在如潮的掌声中，一位满头银发、神态亲和、精神矍铄的老人接过了弟子献上的鲜花。他就是我国著名中药学家、北京卫生学校中药专业的重要创建人、首都医科大学中医药学院客座教授、中华中医药学会终身理事、国家非物质文化遗产“中药炮制技术”项目代表性传承人，被誉为“首都国医名师”的金世元。

金世元 14 岁入药庄当学徒进入药材行业，经历过战乱年代的动荡，也经历过新时期中医药事业的空前繁荣。从卖药到研究药，从走遍全国考察药材到教学授业、著书立说、成为“国医名师”，他一生的经验，是中医药事业的宝贵财富。

胸怀济世之志
学徒也成大材

1926 年 12 月 13 日，金世元出生在北京朝阳区东直门外落田洼村一户普通农民家里。在他 7 个月时，母亲就去世了，他由姑妈抚养到 8 岁时才回到自己家里。父亲金永清希望儿子将来能改变家里世代务农的生活，于是把他送入私塾。金世元刻苦用功，寒窗苦读了 7 年。

1940 年，14 岁的金世元赶上北京复有药庄招收学徒。在药庄做学徒是个苦差事，但对像金世元这样的农家子弟来说，却不失为一条生存和成才之路。父亲做主，送他参加了药庄考试。文化、珠算两门考试成绩优异，他踏进了复有药庄的大门。

对金家来说，孩子的吃饭问题解决了，而金世元走出家门，踏进药庄，也意味着他早早踏上了一条充满艰辛的独立谋生之路。

复有药庄是一家做中药饮片批发零售的药行。学徒一干就要 3 年，而且只管饭，不发工钱。说是当学徒，其实是先做小工，从脏活、累活、苦活干起，每天干活超过 12 个小时。冬天 6 点起床，夏天天一透亮儿就要爬起来，吃苦受累不说，还要忍气吞声、挨打挨骂。每天起床后，当徒弟的先要帮几位师傅收拾临时床铺的铺板，倒夜壶，然后给师傅们打洗脸水，打扫卫生，最后摘店铺门板，抹柜台，等手脚不停地干完杂活，刚匆匆忙忙吃完早点，就到八点钟该开门营业了。晚上等到太阳落山了，师傅已回后堂休息了，徒弟却不能歇着，还要在店里一直守到天黑。等星星月亮都上班了，金世元与其他徒弟们上了店铺的门板，插了门闩，这个短暂的片刻才是真正学徒的时候。这时候要在前柜学认斗子、包药包、使铜缸子砸药、使药戥子称药，但是要抓紧，因为没过一会儿工夫，就又要去后堂给师傅们烧水打杂了。等侍候师傅们睡下，已经九点多了，这还不能休息，还要看药书、背汤头歌、药性歌括四百味。都是些十几岁的孩子，一天劳累下来，谁还有力气背书，往往背着背着就迷迷糊糊地睡着了。金世元初来乍到也不例外，经常嘴里念叨着，大脑里早已一片空白，至于念的都是些什么词，那些词又是什么意思早就不知道了。

这是煎熬，也是磨砺。不到半年，跟金世元一起招进来的徒弟，三个就走了俩，只剩下金世元自己还在苦苦坚持。他也动摇过，但每当这个时候，就会想起父亲对自己的希望，要真正学成一门本事，不求光宗耀祖，但要安身立命。

“只要工夫深，铁杵磨成针”。要想学到真本事，只有下苦功。从那时起，他时刻用心、处处留意。每天晚上，师傅讲解的那么一小会儿，他都听得很仔细；每天白天，师傅抓药时，他仔细看着，把步骤默默记在心里；炮制饮片、切药、炒药，他不漏过每个细节。

由于他刻苦细致，渐渐地，师傅们、比他早来的师兄们，都喜欢上了这个圆脸、大眼睛、神情还带点顽皮的小学徒，觉得这个小徒弟聪明，交给他的事情绝不会出差错，说一遍的方子，他竟然能记住。碰到这样一个肯上心的徒弟，大家都愿意教他两手，给他讲课时也乐意多说两句。

15 岁那年，金世元开始学炒药，这是做学徒最苦也最累的活。说它苦：一口大铁锅放到大土灶上，柴火一烧，烟熏得眼睛不停流泪；药材倒进去了，要两只手拿着大药铲在热锅里不停地搅拌，一不留神就会烫着手。金世元个儿矮，轮到他炒药，必须在脚底下垫块砖头，踮起脚尖，才能看得见大锅里的药，手上烫起泡是常事。说起炒药，徒弟们最怕的是炒姜炭。所谓姜炭，就是先把干姜切成块，然后在大铁锅里炒成黑炭一般。姜炒到冒黄烟的时候，锅边人额头上冒出的是黄汗珠；等姜再炒到冒黑烟的时候，炒姜的人脸上、身上流的汗也全是黑的了。一到那会儿，柴火冒的黑烟与炒药冒的黄烟，烟雾缭绕呛得人喘不过气来，不停地咳嗽，嗓子一会儿就冒烟了，没人愿意在灶台边多待一会儿。有时，看见烟起来，那滑头点儿的徒弟乘机就溜了，经常灶台边只剩下了金世元，他生怕炒出差错，人熏得黑不溜秋还踮着脚看着锅。

说炒药的活儿难，难在看火候。首先火要烧得适度，不同的药材有不同的火候，大火小火都有讲究，弄错了师傅要骂；其次搅拌要匀，搅匀了，药的色泽才漂亮，漂亮才能卖出好价钱。你炒出的药不漂亮，顾客看见老大不喜欢，下次可能就去别人的药房了。所以药庄里，师傅考徒弟技术，也往往要考炒药。怎么个考法呢？支两口大铁锅，放进同样的药材，让两个徒弟一起炒，看谁炒的药合乎标准。炒的时候，嘴上不能闲着，师傅要提问，问这药为什么要炒，总共有多少种炒法，还要你背诵药的功效，说明白炒药这个过程为什么能降低药物的毒性和副作用；答出来引药归经是怎样增强疗效和转变药性的；一样一样解释，哪些药炒了是为了调剂制剂的，哪些药是为了去除异味、便于服用的……这考试考的是心、眼、口、手的默契，平时不用心或是炒得少，考试时哪还能应付裕如？金世元不怕考，他药炒得好，问题也答得好，这就是所谓的功夫不负有心人，功到自然成。

就这样，短短一年时间，金世元靠自己的勤奋、用心、比别人下更多的苦工，赢得了药房上下的信赖。

不久之后，官方要求中药人员也要系统学

习中医知识。为此，当时的北平市公共卫生局和药行公会合办了“北平中药讲习所”，安排每个大药行去两个人，中药行去一个人学习。这样的机会难得，所以大多数药行都推荐了自己的子女亲属去学习，只有复有药庄例外。金世元的东家是山东德州人，子女干的不是药行，亲属也不在北平，于是药庄里的师傅们就推举勤奋好学的金世元代表药庄去学习了。

金世元有 7 年私塾功底，有前柜抓药、后厂制药的经验，在当时的学员中出类拔萃。而北平中药讲习所名师荟萃，所长是北平四大名医之一的汪逢春，任课老师有清代御医瞿文楼和杨叔澄、安干青、赵树屏等，全都是当时的中医名宿。讲习所学制两年，课程设置了中医学、中药学、处方学、制药学等。讲药学，更讲医理，学员毕业后获得“药剂生”资历。这对金世元来说是难得的机遇，讲习所为他打开了一扇大门，一个更广阔的世界出现在眼前。

正是在这里，金世元明白了一个道理：原来，学医学药不只是为了谋生，更是为了济世救人。正如明代裴一中在《言医·序》中所言，“医，故神圣之业，非后世读书未成，生计未就，择术而居之具也。是必慧有夙因，念有专习，穷致天人之理，精思竭虑于古今之书，而后可言医。”从此，每堂课上，金世元向名医耆宿学医理，也学做人。整整两年的时间，每天下午收工后，金世元脱下套袖，掸掸灰土，解了围裙，裹了几本书、纸和笔就匆忙地出发了。讲习所的地址在天安门里头的西朝房，金世元所在的药店却在崇文门外的喜鹊胡同，相距 4 公里，金世元必须要用快走和慢跑的方式才能在 6 点半左右赶到讲习所。当时上讲习所的学生，大多数有自己的私家车（黄包车和自行车），也有坐有轨电车的，只有像金世元这样极个别的学生才走路上学。结果，就是在这往返的上学路上，金世元练就了他的“飞毛腿”，养成了快走的习惯，以至于多年以后，50 多岁的金世元在野外带领学生采药实习时，依然能健步如飞，让很多学生跟不上他，这是后话了。

由于有药行认药的基础，对药的功能、药学基本常识都有了解，金世元在学习中医处方学、诊断学等方面，往往很快就能把药的原理和中医的医理贯通起来，举一反三，体会很深。再加上他白天在柜台实践，经常听老师傅给来买药的病人答疑解惑，晚上在课堂上与名医讲的理论再一一对照，收获更比一般学员大。但老师是名家，讲的重点内容里又多是从未接触过的中医理论，学习中依然有很多困难。

“中医基础理论的四部经典不好理解，怎么办？机会不容易，我就得狠练、狠背。哎呦，难背着呢！”多少年后，金世元说起当年背书的情景感慨仍深，“人生就是那样：每段最艰辛的日子回过头去再看，都苦中有乐。背《黄帝内经》、《伤寒论》，每天我都定出量来，必须熟背。背完了还要理解，名家评论要一个字一个字念，《伤寒论》有多少名家进行评论？全都得看了，看了那个才能开窍。狠背了两年，后来背得就是脑子忘了，嘴都忘不了喽！”

那两年里，金世元每晚都在店铺的灯熄灭之后，在老板和伙计们都睡了以后，就借着灶膛火眼里火苗的光亮看书。他再也没让自己在背书时睡着过。两年勤奋顽强的学习，为金世元日后从事艰深的医药科研工作打下了扎实的中医药基础。两年后，金世元以优异成绩获得了毕业证书。

1944 年，经过四年学徒生活磨炼的金世元，终于正式出徒，升为“斗子头”（炮制饮片的负责人）了。很多年以后，金世元依然清楚记得，他第一次领到的工钱刚好够买两双鞋子。复有药庄不是大药行，再待下去学到的东西很有限，于是他选择了通州较大的一家药店益元堂。

金世元在益元堂的主要工作是中药调剂、

饮片炮制，这些他早已驾轻就熟，工资又比以前多，日子理当好过一些了，可是当时正处在日本侵华战争后期，物价飞涨，社会动荡，人心惶惶。有的药房昨天还好好的，今天就突然关门了；每月的工资月初还能买 50 公斤粮食，等到月底发下来时，就只能买 15 公斤了。在那样艰难的时世下，哪里还有个人的安定可言？好不容易熬到 1945 年日本投降，金世元转到了北平城里的益成药行。

当时，北平有四家大药行，专门为城里所有药店提供中药材和饮片，从常见药材到珍稀药材应有尽有，那儿的伙计，也被称作“外柜”，每天的工作就是对外联系业务。益成药行便是这四家药行之一。

北平分东、南、西、北四个区域，药材行里，南城的业务量最大，在益成药行，跑西城的伙计被称为“小外柜”，跑南城的称为“大外柜”。金世元刚一去是跑西城，没过多久业务能力就显现出来：他药材看得准，产品不掺假，脾气好、人缘好，讲义气，肯跑腿。老板对他很满意，于是在跑了一阵子西城后，让他跑南城，没过多久全南城的药房就都认识这个敏捷快活的年轻人了，还送了他一个绰号，叫信得过的“南城金大外柜”。

但在这个看起来无忧无虑的青年心中，早已有了无数自己的困惑与思索。这时，未满20岁的金世元已不单纯地想做个“南城大外柜”的药行先生了，几年艰难时世里的挣扎与目睹的世情百态，在金世元心里留下了深刻的烙印，让他反复思索起在“讲习所”学习那两年，那些中医名宿教诲的道理。他要做个“济世救人”的人。但怎么才能真有那样的本事呢？一个学徒出身的穷伙计，从中药行想迈进中医队伍，那中间隔着的是一座万丈高山。

“南城金大外柜”把困惑与愿望一起压在了心底。

时代启用英才
大医勘察药材

1949年，中华人民共和国成立，一个充满新气象的时代到来了。

益成药行那时已经倒闭，金世元懂医会药，人缘又好，有信誉，自己又做了几年“大外柜”，外省本市结交了不少朋友，于是，思量之后，他自己尝试着做起了药材批发生意。他做的是小本生意，主要卖需求高的大品种，尽量深入产地购货，以求薄利快销。从进货到原料加工、卖药送货全都是他自己一个人亲手操办。从那时起，连续多年，只要时间宽裕，他就会回农村老家，碰到乡亲们来求医问药，就利用自己的医药知识试着给乡亲们看病，结果收到了出乎意料的效果：治愈率高、见效快，再加上他完全义务看病，很快就深受乡邻们的爱戴。没过多久，附近十里八村都知道落田洼村有个看病不收费的“金大夫”了。

1954 年，北京中医学会举办了“中医预备会员学习班”，学制一年半，系统讲授中医经典著作和临床各科诊治经验。28 岁的金世元没有放弃内心深处的夙愿，再次参加了学习。

学习班上课是在西单北西斜街，每周一、三、五下午上半天课，卢治忱主讲《黄帝内经》，方鸣谦主讲《伤寒论》，宗维新主讲《金匮要略》，申芝塘主讲《温病条辨》，赵炳南主讲《皮外科学》，赵心波主讲《儿科学》，刘奉五主讲《妇科学》，单玉堂主讲《针灸学》等课程。这一年半的学习，为金世元增添了更加深厚的中医理论知识，使他在从入门向专家迈进的道路上跨出了关键的一大步。

1956 年的 1 月 1 日，北京市政府宣布成立北京市药材公司，在全市 3600 多名中药从业人员中挑选了包括金世元在内的 6 个业务精英，组成了药材公司业务科。起初，金世元在科里负责市场供应与管理，后来因为在工作中逐渐显示了出众的药材鉴别能力和扎实的药学知识而被调到了研究室，主管药材质量鉴别、中成药配方整理。

中药材品种多，来源广，产区分散，性状各异，成分复杂，要从性状上（包括形、色、嗅、味）准确辨认药材的真、伪、优、劣，鉴别地道药材与非地道药材的性状差异，需要有长期实践经验的积累和对每种药材的深入全面了解。金世元经过从学徒到药行里的多年实践，对每种药材性状都有比较明晰的认识，在这段工作期间，更增加了丰富的经验。北京当时在册的原料药材有 1000 多种，常用的有 600 多种，他通过眼看、手摸、鼻闻、口尝、水试、火试这些最基本的性状鉴别法，就能精准地把握每种药材的内在质量、真伪优劣。

兢兢业业地工作了一年半以后，1957 年的夏天，金世元意外地接到了北京市卫生局关于举办“中医师资格考试的通知书”，若考试通过，临床测验合格，将获得“中医师资格证书及开业执照”。这是金世元朝思暮想难得的机会，他考虑再三，克服了种种顾虑，考试前的最后一天，敲开了领导办公室的门。当时担任北京市药材公司总经理的是焦景成，金世元没有想到，焦经理看了考试通知书后，立刻热情地鼓励他：“这是好事，你为什么不早说呢？早说，给你放两天假复习去啊！”这件事多年以后他向人讲起时，仍掩饰不住当时喜出望外的兴奋之情。

领导的鼓励给了他更大的动力。第二天，考试在东城区中医进修学校进行，8 道考题分别从不同角度体现了中医四部经典、内科、妇科和药物方面的精华要旨，没有相当扎实的基本功是绝对过不了关的。结果参加考试的 1900 余人里，只有 160 多人及格。金世元凭他多年自学钻研和扎实的中医理论功底，以优异成绩顺利通过了考试。

理论考试合格后，都要参加临床测验，要求参考者到北京市中医院内科、妇科、儿科，每科看一个病人，并写出辨证论治的详细脉案，包括病因、症状、舌苔、脉象、治则及处方用药等内容。各科临床测验时，都有著名中医专家全程监测。金世元在三科临床诊治过程中充分发挥出了理、法、方、药的整体水平，顺利通过了临床测验，最终以优异成绩获得了中医师资格，取得了中医师开业执照。

不久之后，金世元接到卫生局通知，刚刚成立的北京市宣武医院、铁路医院等几家大医院需要临床中医大夫，如果他愿意去，卫生局可以主动安排介绍。金世元终于可以实现心中悬壶济世的夙愿了，在这决定医学事业走向的重要时刻，他带着通知再次找到了药材公司的总经理焦景成，两个人促膝交谈。17 岁就独立开药铺、饱经磨砺、世事洞明的焦经理听金世元讲出自己内心的真实愿望后，说出了他的想法。从个人发展的角度来说，焦景成觉得，金世元 14 岁入药行，在中药领域有十几年的深厚根基，32 岁才开始行医，未必会比在医药行业一直钻研下去成就大。为中医药事业考虑，焦景成觉得中医缺人，中药也缺人，像金世元这样懂医又懂药的人更是中药业的宝贵人才，留在中药业，将来会对社会有更大的贡献，也就是说，可能中药界会比中医界更需要金世元！他建议金世元考虑一下，能为中药事业牺牲个人理想，这本身就是至高无上的大医仁心。焦经理最后表达了自己的心情，他自己舍不得金世元走："如果你想临床看病，公司专门为你成立一个医务室给人看病。"

焦经理这一席话深深触动了金世元，他诚

恳的态度和真诚的挽留，更让金世元深受感动。考虑再三，金世元最后选择留下来。而焦经理更重承诺，特意为金世元成立了一个医务室，让他一边工作一边看病。焦景成不知道，正是自己这一番苦心，为日后的中医中药界留下了一个承前启后的药学巨擘，为中药学留下了一座丰厚的知识宝库。

1957 年左右，中医药事业空前发展，社会对中药需求持续增加。北京市药材公司为此成立了“中药研究室”，聘请金世元为主任，主管原料药材和炮制饮片的质量，并整理全市中成药配方与考证。

这是个艰苦而重要的工作。中药材分为“地道药材”和“非地道药材”，为了组织优质地道药材货源，提供采购依据，就必须深入药材产区实地考察。为此，金世元走遍了大江南北，深入川、粤、桂、云等药材产地实地调研。20 世纪 50 年代，交通条件十分落后，尤其是金世元要去的药材产地，往往在不通公路的深山密林里，他经常需要自己背着干粮和水，长途跋涉几十公里或是翻山越岭才能到达。这期间，他去过新疆的戈壁滩、西藏的雪山、云南西双版纳茂密的热带雨林、山西五台山、广西玉林、江西的樟树等地。在北京地区，他几乎走遍了郊县所有高山深谷，从平谷梨树沟、大华山，密云雾灵山、云蒙山，到怀柔的汤河口、喇叭沟门，延庆海陀山、松山，昌平的黑山寨，海淀鹫峰阳台山，门头沟东灵山、百花山，房山的上方山、霞云岭……无不留下了他的足迹。在考察中，他获得了很多药材品种资源的第一手资料，以及很多书上没有记载的药材产地知识与产地加工方法等，不但有效地指导了药材收购，也为他日后的教学科研工作打下了基础。

地道原料药材选定了，在配制成药或调配汤剂之前，还需要经过不同方法炮制才能药用。这个过程是关键，将直接影响到药物临床治疗效果，因而对炮制过程和饮片质量的鉴别也非常重要。在饮片质量鉴定上，金世元可以说是当时药材公司首屈一指的行家，用同事们的话来说，发现某种炮制饮片的质量出现问题时，金世元不但能指出问题，而且能精确地指出问题出在炮制过程中的哪个环节上，应该怎么纠正。在炮制饮片的操作过程上，经验丰富的金世元特别强调规范和严谨，他依据自己精湛的鉴别能力和丰富的行业经验，对比指出了一些不正当的炮制过程，为去伪存真、打击造假行为，提供了宝贵的参考依据。比如，他强调，正确的穿山甲炮制方法应该是：穿山甲用砂烫鼓起时，筛去砂，趁热浸入米醋中。这个过程有增强活血止痛的功效。而那时造假的药材，是把穿山甲用砂烫鼓起后，筛去砂，趁热浸入浓盐水中，目的是为了增加重量。再如，正确的山茱萸炮制方法是：每 100 公斤山茱萸加黄酒 30 公斤，密封蒸制 24 小时。用黄酒的目的是为了增强滋补功能。而造假药材在炮制时通常不加黄酒，掺加蜜水，目的是使山茱萸显得肉厚、油润，增加重量。

中药研究室还有一个重要的任务，就是负责全市中成药处方来源、历史考证与整理改进。

1956年以前，北京市各中药店都是前店后厂，各家都自制自售。可是同一名称的中成药配方却有所不同，即使用药相同，在单味药的用量上也有差异，各家都把这视作商业机密，相互保密，决不透露。而在1956年后，为了统一中药市场、保证药材质量，根据当时需要，全部中药改由北京市药材公司统一配方、统一生产、统一供应，生产厂家名称统一为“北京市药材公司”。这样就存在一个统一配方的工作。每一种中成药只能有一个配方，不能有同名异方现象。为此，北京市药材公司将全市各药店的成药配方全部集中上报到了金世元所在的北京市药材公司研究室，再由研究室负责整理和最后确定。这项工作不是一般中药技术人员能完成的，它需要有深厚的中医基础理论和渊博的方剂知识，在3000多个处方中，通过比较、考证、科学分析，选择各种成药中有历史依据的、配方合理的、疗效确切的，最后经由专家论证，实践检验后才能确定保留。这其中，为了继承中医药遗产，保持中医药特色，对一些传统优秀品种和在老百姓心中有极高信誉的品种也要确定保留。

金世元在这项工作中再次充分发挥了特长。他从每种成药的历史考证、配方用药、制剂工艺、功能主治等方面入手，一丝不苟地详细对比研究，反复考证，带领研究室出色地完成了任务。在他担任主任期间，北京市作为传统优秀品种确定保留下来的中成药有同仁堂的虎骨酒、牛黄清心丸、安宫牛黄丸、局方至宝丹、紫雪丹、乌鸡白凤丸，德爱堂沈家小儿七珍丹，雅观斋薛家万应保赤散，长春堂的无极丹、避瘟散，万锦堂的回生救急散，溥安堂段家坎离砂等，其余中成药全部由研究室作出了统一配方，并获得了专家论证和实践检验的一致肯定。

这项工作为结束当时社会上中成药良莠不齐的现状，为正本清源、树立中药信誉作出了重要贡献，对中医药事业的发展具有重要意义。金世元以他严谨的作风、深厚的药学知识再次赢得了中药学界的一致赞誉。

奉调卫生学校
创办中药专业

1961年，在北京市中医院成立后，全市四个城区也相继成立了中医院，各大综合性医院及专科医院陆续增设了中医科，相应地也就必须建立起配套的中药房，于是，中药人才顿显奇缺。

为了适应中药事业的发展，解决实际需要，北京市卫生局和北京市药材公司商定，在北京卫生学校紧急设立中药专业，第一届招收50名学生，毕业后往卫生系统和药材公司各分配25人。当时北京卫生学校仅提供教学设备，专业教员只能从市药材公司选调业务精英。在卫生局一再点名争取下，金世元第一个被调到卫生学校担任教研组长，担负起创建中药专业的重任。

从零开始创建一个学校的中药专业，需要克服很多困难。没有任何教学资料，金世元就从选编教材开始。缺少课堂教学经验，他就长时间旁听其他教员授课，在吸取先进教学经验的基础上，结合自己的课程内容与要求，终于形成了一套成熟的教学方法。在卫生学校，金世元先后亲自讲授过《中药鉴定学》、《中药炮制学》、《中药调剂学》、《中成药学》、《中医学基础》等多门课程，深受好评。其中最具代表性的是他的《中药鉴定学》。

孙思邈在《备急千金要方·大医精诚》中云："人命至重，有贵千金，一方济之，德逾于此。"像自己当年的老师一样，金世元也从医德讲起。他要学生首先理解中药行业是个特殊行业，性命攸关，中药工作者首先要崇尚医德，恪守药德。"凡为医之道，必先正己然后正物"，这是少年时代，他从“讲习所”名医前辈那里学到的受惠一生的最宝贵的财富，今天，他也要把它传授给与自己当年年纪相仿的少年弟子。

然后，金世元讲中药行业的重要性，讲鉴定的重要性。他要学生理解中医中药是一个理论体系，不可分割。中医治病通过“四诊”“八纲”等正确辨证后，就要立法处方，最后“药”才是克服疾病的武器。他强调，“医靠药治，药为医用”，二者必须密切结合，否则，如果误用劣药、假药，医生辨证再准确，用药再精湛，也难以实现治疗目的，正像明代李时珍在《本草纲目》中所说，“一物有谬，便性命及之”，就会误病害人。所以，一定要掌握药材鉴定的真本事，防止伪劣药材混入。同时，《中药鉴定学》还是学好中药各门专业课的基础，因为从事任何中药技术工作，都首先要学会辨别药材真伪与鉴定质量好坏。在讲完这些以后，他才开始讲具体的鉴定方法。

金世元讲课有自己显著的风格，他注重引导学生从中国传统文化角度认识中医药文化。说起各种药材性状，为方便学生接受，他会特别注意形象生动。比如他讲“天麻”，会打比方说长着“鹦哥嘴”，梳着“红小辫”；他讲“松贝母”，会形容是一个大鳞片紧抱着一个小鳞片，就像“怀中抱月”；他讲“羚羊角”有自然的轮生环节，角内部有一细孔，直通尖部，对光视之明显，就打比方说像个“通天眼”，这些生动活泼的比方，既活跃了气氛，又便于学生记忆。

金世元还特别注重理论联系实际。他安排了丰富的实践教学课，让学生们在具体接触和实际操作中直观掌握中药学知识与鉴别炮制技能。而在所有实践课中最让学生难忘的，恐怕就要数采药实习课了。

金世元认为自己能对各种药用植物形态特征辨认准确，并对不同药物的生长特性了如指掌，主要得益于多年来上山采药积累的经验，为此，他把自己的学生也带上了山。他每年至少要安排学生上山采药两次。5～6 月份，他会带着学生上山看药用植物形态和开花情况。8～9 月份，他要带领学生看果实成熟和药用部位形状。上山不仅要观察常用药材（如柴胡、黄芩、苍术、丹参等），还要寻找不同山区（包括外省）的特有药材品种、植物形态及喜生环境。这样，师生虽然都很辛苦，但却非常愉快。每找到一种药材，对比书本上的知识叫出药材的名字，学生们都分外激动。多年以后，他的学生回想起来那一幕幕情景，像宝贵的珍珠在记忆之海里闪烁着动人的光泽，那一个个药材的名字，仿佛已成为他们青春时光的最好见证。

在风景优美且险要的密云雾灵山，他们找到了一轮贝母、木贼、荚果蕨贯众、雾灵独活、兴安白芷、关黄柏、双苞黄精、野罂粟、鹿蹄草、北五味子等。在密云的大城子山区，找到了粘毛黄芩、槲寄生、铃兰；在房山上方山，找到了垂盆草、独角莲（禹白附）、天南星；在房山的十渡，找到了白薇、掌叶半夏、续断、鼠掌老鹳草等；在十三陵找到了珍珠透骨草、蛇莓、连钱草等；在海淀的鹫峰，找到了河北黄精、蔓生白薇等；在门头沟的百花山，找到了秦艽、野罂粟、胭脂花、轮叶沙参，在东灵山找到了七叶一枝花、山萝卜；在山西五台山，找到了秦艽、野党参；在河北丰宁县的坝上找到了赤芍、金莲花、当药、瑞香狼毒、野生蒙古黄芪；在河北涞水县百里峡找到了并头黄芩、黄芫花等。这一堂堂生动的实践课，既提高了学生的学习兴趣，又扩展了学生的知识面、加深了记忆，收到了极好的教学效果。

金世元就这样用心良苦，身体力行，一点一点地摸索出了中药专业的教学方法。这些宝贵的教学经验，为他将来走进大学为更多学生授课、乃至担任师承制导师，培养学术带头人，做好了准备。

教学科研双丰收
桃李芬芳遍京城

1980年，北京市最早开办中药中专教育的卫生学校，已经被视为培养中药人才的摇篮。其中药专业的首届毕业生，经过十几年的工作检验，已经成为各中药工作岗位上的技术骨干。其后毕业的各届学生也以优秀的品德、扎实的中药学知识和过硬的业务技能，陆续在中药界赢得了普遍好评。金世元作为卫生学校中药专业的创建人之一，逐渐受到了政府和学术单位的重视。

1980年，北京市卫生局第一次举办中级职称考试，特别聘请了金世元担任中药专业命题人与主考官。同年，他被中国药学会中药和天然药物分会聘为常务理事，北京药学会聘他为中药专业委员会副主任委员。

1984年，金世元被北京市评为中专教育系统副教授，他是当时卫生学校唯一的一名副教授。同年，金世元加入了中国共产党。就在这一年，北京卫生学校正式获批建立中药学科，并任命金世元为学科主任。这是对卫生学校中药专业综合水平的大力肯定，也是对金世元个人工作成绩的认可，同时更是对未来工作的有力鞭策。它表明北京卫生学校中药专业已经进入科研单位队伍，对教学、科研与师资培养提出了更高的要求。

迎接新时代，适应新需要，金世元与时俱进，以饱满的热情投入到了教学改革中，全力以赴地推动北京卫生学校中药专业教学科研综合水平更上一个新台阶。

教师的水平与工作态度如何，是衡量教学质量与科研能力的关键所在。金世元深知中药学科今后的发展有赖于青年教师的努力，从学科成立之日起，就把培养青年教师作为学科建设中的一项重要任务，为提升青年教师水平倾注了大量心血。

从那时起到退休的多年中，金世元毫无保留、无私奉献，陆续为北京卫生学校中药专业培养出王地、田建军、赵惠萍、蒋爱品、李建民、夏红、李京生、张秀荣、付凤荣、张超等一批又一批热爱中药事业、品德优良、业务素质过硬的青年教师，在卫生学校中形成了一支以他为带头人的专业能力出类拔萃、作风严谨踏实的教学团队，为北京市中药行业各个岗位输送了众多的优秀人才，为中药事业的发展作出了巨大的贡献。

随着科技的进步，卫生学校中药专业原有的硬件设施、教学资源已明显陈旧落伍，传统教学方法更急需革新。金世元又从各方面入手，积极完善实验室建设：

为加强中药鉴定微观检查，他为实验室增添了 20 台显微镜，解决了教学急需。

为加强学生实践能力，他先后为学科充实进原材料和炮制饮片标本共约 1300 种。这些标本中包括很多稀有贵重药材，如牛黄、麝香、羚羊角、犀角（现已代用）、野山人参、普通人参、西洋参、珍珠、海马、藏红花、冬虫夏草、黄毛鹿茸、青毛鹿茸、五花龙骨、金线于术等；还有很多传统“地道药材”，如四川的厚朴、川贝母，浙江的麦冬、杭白芍，广东的广藿香、化橘红，河南的怀山药、怀牛膝，内蒙古的甘草、肉苁蓉，云南的天麻、三七，甘肃的当归，青海的大黄，黑龙江的龙胆，福建的泽泻，江西的枳壳、栀子，安徽的木瓜、牡丹皮等；同时包括多种炮制品种、饮片标本。

金世元还利用每年带领学生上山采药的机会，和同学们共同采制，为学校实验室增加蜡叶标本 200 份，增添保鲜浸制标本约 100 份。

为让学生了解药材具体形态，绘制彩色挂图约50份。

中药炮制与制剂是中药学两门主要专业课，过去这两门课的传统教学方法主要是到中药饮片厂和制药厂参观实习，机会有限。在新的科技条件下，金世元开创性地为学校增设了中药炮制和中药制剂实验室，加强学生动手能力锻炼，并鼓励他们尝试多种不同的炮制方法。

为让学生毕业后更快适应工作，金世元根据中专教育特点，对课程内容与教学形式作出了调整。在课程设置方面，他增加了《中成药学》和《中药调剂学》课时，删去了《药用植物学》中药材栽培的内容。

对上山采药的实践课，金世元也做了调整，让它更加科学化、系统化。比如，过去采药课随意性较大，时间、地点都不固定，每堂课接触的药材品种也就带有一定的偶然性。金世元在考察了昌平县的黑山寨、上口、下口、十三陵，密云县番字牌等多处情况后，最后把野外课堂固定在密云雾灵山。雾灵山山场大，高山低谷都有，药材品种全，非常利于学生学习。他把实习时间正式定在每年 7 月底至 8 月初，这段时期，植物类药材正处于花期或果期，易于辨认。过去上山采药，还没有规定品种，碰见什么认什么，现在则改为规定品种采摘，让学生更有目的有重点地辨认常用药材。

在金世元的教学改革工作中，最被中药界称道的是他拍摄制作了著名教学录像片《鹿茸》。

鹿茸作为重要的名贵中药材，生长过程极为复杂，过去教学仅靠画图说明，学生不好理解。为了让学生系统掌握鹿茸的生长、采收、加工全过程，以及鹿茸不同生长时期的形状特征和规格质量等，金世元亲自组织、设计、拍摄了这套鹿茸教学录像片，为中药学留下了一套宝贵的影像资料。

鹿茸教学录像片的内容因为要包括鹿茸从生长、采茸、加工、制作、直到柜台销售的全部过程，制作难度很大，必须根据鹿茸不同季节生长的茸形、规格、质量分期拍摄，才具有更好的系统性。为此，金世元带领摄制组先后到北京市药材公司昌平龙山养鹿场、北京市东风养鹿场、北京动物园鹿苑、河北承德行宫养鹿场多次拍摄，并将锯茸、烫茸、切片等现场操作细节一一展示。为让学生了解不同鹿科动物的生长茸形状特征，除摄制“梅花鹿”外，他还拍摄了马鹿、麋鹿、驼鹿、小麂、狍子的外形和茸型特征，以供鉴别。整套教学片历时3年制作完成，在教学中收到了极好的效果，很快被全国各大中医药院校和重要中药生产单位采用，赢得了高度评价，并在1989年获得北京市教学成果二等奖。

随着师资队伍建设和实验室硬件设施的进一步完善，北京卫生学校中药学科在金世元的带领下，在科研领域迅速取得了一系列喜人成果。在1985～1990年间，金世元针对对老年人健康有较大危害的慢性支气管炎，将自己多年临床应用的有效处方无条件地献给学校，并促成学校与北京东风制药厂协作，成功开发出了“射麻口服液”，后经卫生部指定全国三家重点中医院临床验证，疗效得到肯定。随后经卫生部审核正式批准生产供应，效果良好。

不久之后，金世元与同仁堂合作，将著名中成药“乌鸡白凤丸”以新工艺研制成口服液剂型，经卫生部审核批准投产供应市场。

这两项科研成果取得了显著的社会效益和经济效益，也为北京卫生学校赢得了巨大的声誉。

正是通过这一系列的实验室建设、教学改革、科研实践，北京卫生学校中药专业教学科研综合水平日益提高，影响不断扩大，逐渐成为学校对外交流的窗口，接待着来自全国各地的中医药院校同行，和来自美国、俄罗斯、澳大利亚等地的国际友人，为促进中药学在世界范围内的交流、发展作出了贡献。

作为北京卫生学校中药专业的重要创建人，在金世元任教的40年里，先后培养了1200多名中药技术人员，毕业后分配到各中药生产、经营单位，医疗单位，以及管理系统、医学院校、科研部门，成为各工作岗位的技术骨干，深受好评。今天，北京市城区内和远近郊县各大中药房的负责人基本上都是金世元教过的学生。

随着教学影响与学术声望的日益扩大，越来越多的学术团体、大专院校主动邀请金世元参加学术会议、主持学术讲座。金世元学识渊博，实践丰富，演讲或授课中常能引证古典记载，并结合当今实际情况展开论证，条理清楚，说理深透，受到听课师生的热烈欢迎。而他在中医药理论方面的独到见解，更令同行高度钦佩，公认他为能医擅药的专家。他在北京中医药大学、首都医科大学和其他中医药学院等高校主讲的学术报告，场场爆满，反响强烈。不久之后，首都医科大学中医药学院特聘金世元为客座教授。北京中医药学会和北京药学会举办的中药普及培训班亦长年聘请金世元为主讲人。

而今，聆听过金世元讲课的早已不下万余人。他的学生不仅遍及京城，还有不少已成为外省市中医药行业的骨干人才，有些更远涉重洋，把从金世元那里学到的中医药知识带到了世界各地。或许，因为时代的机缘，金世元没能实现成为临床医生的个人理想，但是他已经桃李遍京城，师恩满天下！他对中医药队伍建设的贡献早已得到了全社会的认可，他教过的学生，正代替他奋斗在治病救人的前沿。

受聘专家导师
深入实践教学

进入 20 世纪 90 年代，随着社会的发展和人民生活水平的提高，人民群众医疗保健的总体需求也相应增加，中医药事业的发展再次进入了一个重要时期。

为研究名老中医学术思想和临床诊疗经验，推进中医药继承与创新，人事部、卫生部和国家中医药管理局启动“全国老中医药专家学术经验继承工作”，决定在全国范围内遴选 500 名中医药专家作为导师，培养跨世纪的中医中药学术带头人。1990 年，金世元入选成为首批 500 名指导老师之一。在北京市卫生局负责组织遴选的 15 人中，金世元是唯一一位中药专家。这是对金世元学术经验和专家地位的充分认可。它表示金世元多年学习实践积累的个人学术经验已经成为中医药学的宝贵财富，对它的研究和继承，已经不是金世元个人的事，而是中医药学继承创新发扬光大的宝贵环节，是中医药事业发展的需要。

从 1990～1998 年，金世元先后带了两批 4 个徒弟。第一批学生是北京市积水潭医院的翟胜利和北京卫生学校的李京生；第二批是北京市宣武区中医院的赵京春和卫生部药品生物制品检定所中药室的张继。

这两次的带徒教学，与以往又不同。授课前，金世元认真分析了学生的业务基础与知识结构。他的弟子都是正规中医药院校中药学专业的毕业生，已经系统学习过中药鉴定的基础理论，也有多年的工作经验，欠缺的是过去的工作范围比较窄，见到各类药材的机会较少，实践经验少。于是，金世元确立了自己的教学思路：重点传授一般教材上没有的、或是模糊不清的、或是濒于失传的，以及新发展的药材品种在鉴别方面的技能技巧。但这些知识，只靠面授难以理解和记忆，必须深入全国重点药材市场和药材种植基地，教学才能获得切实效果。为此，他带着徒弟们上了一堂又一堂难忘的实践课。

为了学习地道药材与非地道药材、真优品种与伪劣品种的鉴别经验，金世元带着学生去过河北安国、安徽亳州、四川成都荷花池、江西樟树、湖北蕲春、云南昆明菊花园、广西玉林、广东清平和普宁、甘肃兰州黄河等诸多大型药材市场考察调研，现场教学，给弟子们打下了扎实的鉴别基本功，也留下了很多感人的故事。

比如，金世元利用现场丰富的药材，给弟子们对比指出地道药材和非地道药材的差异。有一次，在河北安国药材市场，他看见一家药摊上挨着摆着两份整泽泻。他问学生："这是什么药?""泽泻。"学生答。"这两份泽泻是否相同?""都一样，只是大小不同而已。"学生认真看过后说。"你仔细来看，这是同一个植物不同产地的品种。"金世元拾起实物详细地给弟子讲了起来，"这大个儿的是建泽泻，主要产地在福建建瓯、建阳一带，特征是表面有横向棱岗突起；这小个儿的是川泽泻，主要产在四川都江堰、灌县，它表面粗糙，底部常有这种瘤状突起，还有凹陷和须根痕。建泽泻是栽培在藕塘里的，川泽泻则种在稻田里。这两种里，只有建泽泻是'地道药材'。"

在河南百泉一家药摊上，师生们见到"四大怀药"之一的"特肥怀牛膝"，金世元进一步给弟子分析了形成药材性状差异的地理因素："地道的特肥怀牛膝属于苋科植物药用根，主要产在焦作地区武陟、博爱、修武等地，特征是根条肥壮、肉红色、质柔润、有弹性。长度有

37～70cm，直径有 0.6～1.2cm。为什么河南武陟、修武、博爱等县出的特肥怀牛膝就是优良的地道药材呢？因为怀牛膝对土壤要求特别严格，只有在沙质土壤里才长得最好，有‘无泥不长，无沙不大’的说法。而武陟、修武、博爱这几个地方地处黄河北岸，不但是沙质土壤，而且土层厚，土质肥沃，气候、光照都适合怀牛膝生长。过去怀牛膝也有异地栽培的例子，像河北安国在 20 世纪 40 年代就曾经引种过，但是因为土壤、气候条件有别，产出的怀牛膝质量就远不如河南武陟、博爱、修武的产品。安国出的怀牛膝长只有 30cm，直径也只能长到 0.4～0.8cm，颜色黄白，质干硬、欠油润，质量较差，所以说，地道药材与非地道药材对比之下，区别显著，不言自明。”

像这样的课，经常讲到一半周围就忽然多了七八个旁听者，有的是同去的弟子，有的是路人，还有的是药商。

金世元在讲课同时，还很注意引导学生主动抵制假冒伪劣药材。还是在安国药材市场，有一次在一家药摊上，有学生见到一份炒白术很特殊，兴高采烈请来老师。“老师您看这白术炒得多漂亮，颜色特别均匀。”学生说。金世元拿起白术闻了闻，说：“这白术有问题，怎么没有麦麸味呢?”他又立刻问药商：“你这白术不是麦麸炒的吧?”“是用麦麸炒的。”药商答。“那怎么没有麦麸味呀？我搞过多年炮制，也没有你这技术啊。你到底用什么辅料炒的?”“……”支吾了半天，药商最后说实话了：“我用锯末熏的。”“这是假冒药材啊！这比偷工减料还厉害……”金世元当即动容，加以痛斥，结果那个药商自知理亏，连连道歉，当场就把假药倒掉了。

还有一次是在安徽的亳州药材市场，有个药摊在卖羚羊角、鹿茸等名贵药材，金世元看见一只鹿茸形状很特殊，就让药商拿过来看了看，然后又让学生细看。“这是什么鹿茸?”他问学生。“没见过啊。”学生有些纳闷地回答。那只鹿茸形状为圆柱形，上粗下细，顶如包状，稍扁，表皮棕黑色，茸毛粗糙，看起来与众不同。“这是什么鹿茸啊?”金世元于是问药商同样的问题。“这是黄毛鹿茸的‘怪角’。”药商答。“黄毛鹿茸的怪角不是这样的。”金世元讲道：“它一般是幼角长到‘二杠’时，角基部开始有突起物；角长到‘三叉’时，从角基部长出细角或呈包状，与二杠、三叉茸形有别，价值也低，实际不影响疗效。你这商品不是黄毛鹿茸的‘怪角’。”药商和学生同时诧异地问：“那这是什么角?”“这是鹿科动物驼鹿分叉时的幼角，也叫犴茸。这根本不是中药，纯属伪品。这样的贵重药材如此明目张胆地以假充真，实属罕见。”

像这样鉴别真伪的过程对学生来说非常难得，极大地扩大了他们的知识面。在教学考察中，金世元丰富的经验也赢得了许多药农、药商的敬佩，师生以“药”会友，结交了不少同样情笃“中药”的民间人才。

四川成都的荷花池药市，与河北安国、安徽亳州并称为中国当代三大药市。它不仅经营四川特产药材，同时还是各相邻省份如云南、贵州、青海、西藏，以及甘南、陕南和鄂西等地药材的市场集散地。在荷花池药市一家药摊上，金世元看见有续断、独活、厚朴等药材。“这几种药主产哪几个省知道么?”他随意问弟子。“知道，都是四川主产，如川续断、川独活、川厚朴都是四川产的药材。”学生脱口而答。金世元笑而不答，却问药商：“你是湖北人吗?”药商大吃一惊，点头承认，“这……您怎么知道的呢?”“那我给学生讲讲这几种药材的产地和质量，不对的地方请你给纠正。”金世元笑着说。

他告诉学生：“这三种药材前虽然都冠以

‘川’字，但主要产地是在湖北恩施地区。拿川续断来说，它属于川续断科，药用根。野生和人工栽培都有，主要产地是在湖北恩施地区的五峰、鹤峰、巴东、资丘等地，其中又以五峰、鹤峰的产品质量为最优，所以俗称五鹤续断。你看，地道的五鹤续断根呈圆柱形，略弯曲，表面黄褐色，断面黑绿色，有放射状花纹，质柔软，味苦，微甜。再说川独活，它来源于伞形科重齿毛当归，药用根。多为栽培，主产是在湖北资丘、巴东、长阳等地。地道的川独活根呈圆柱形，下部有支根，根头处有多数环纹，表面棕褐色，质柔韧，断面灰白色，形成层环棕色，中心灰黄色，香气浊，味苦辛而麻舌。川厚朴，来源于木兰科植物厚朴的树干皮及枝皮，均为栽培，主产湖北巴东、鹤峰、咸丰、建始等地。除了这些，另外还有一种凹叶厚朴是产于浙江温州地区。川厚朴树皮多呈卷筒状，灰棕色，粗糙，内表面棕紫色，较平滑，指甲划之显油痕，所以又叫紫油厚朴。它的断面是颗粒状，能看见细小的亮银星，味辛辣而苦。这三种产品，都是属于湖北特产的‘地道药材’。但为什么这三种药材都冠以‘川’字呢？那是因为恩施地区在古代时归巴蜀管辖。”

药商听完后，激动地连连点头说：“是的，是的，老师讲得都对。我就是恩施人。老先生，我卖药这么多年，还没见过有客户对药说得这么清楚的！你要有机会到恩施一定要来找我，我真想交您这个朋友啊。”

最难忘的一次，则是在河南百泉的中药材交流会上。百泉中药材交流会是全国规模最大的中药材交流大会，一年召开一次，因为参会药商多由政府邀请，所以会上药材正品居多，伪劣品种极少，而且品种极多、规格颇全。金世元认为这是集中讲授的难得机会，所以带着学生连夜坐了14个小时长途汽车，从北京赶到河南。

那是在1993年，金世元已经67岁了，到百泉后稍事休息，就提出带学生上交流会场学习。大家怕他累坏，纷纷劝阻：“您别累坏了身体，先让学生去，有什么不认识的药材拿回来，您再给讲。”但是金世元说：“不行啊，交流会一共只有5天，今天已是第三天了。我早去一会儿，就能多讲一会儿。这要是错过了，有些药你们再见可就得等到明年了。不能再歇了。”这番话，令在场的学生无不动容。交流会上，金世元抓紧时间，专讲地道药材和濒于失传的药材，弟子们果然获益匪浅。这中间还发生了一件有意思的小事。

那天下午，金世元在一个不起眼的摊位上，看见了一味特殊药材。“这是什么药材？”他照例问学生。“橘红。”学生回答。“是橘红。这个质量怎么样？”“太小了，我们用的橘红都比这大得多呢。”学生说。金世元笑而不答，问药商，“你是化州的吧？”药商肯定之后，金世元对学生娓娓道来："这才是真正的地道药材'化橘红'呢。现在常见的橘红，用的都是柚子皮割成五裂，俗称'大五爪'，冒充化橘红使用。真正化橘红来自化州柚的外果皮，这种柚子很小、味酸，不能吃，只能作药用，特征是果皮上有茸毛。割取果皮除去部分内果皮后，再用刀切为七裂，呈齿牙状，就是'七爪红'；在果实未成熟时采收的，果皮呈绿色，叫'绿毛七爪'；等果实成熟后采摘的，果皮呈黄色，叫'黄毛七爪'。'化州橘红'最初记载见于清代《本草纲目拾遗》，产于广东茂名地区的化州，尤以赖家园产品最为驰名，异地移栽易于退化。它曾经移栽到邻县的廉江、遂溪和广西的博白、陆川等地，三年后果皮上就完全没有茸毛了，药材里的'黄光七爪'、'绿光七爪'，就是这么来的。"他给学生看手里的橘红，"你们看，这种橘红虽然小，但是全体密布茸毛，只能是地道的化州出产的。"

不等金世元讲完，旁边的药商已经激动万分，握住金世元的手不肯放开，“老先生，我都参加这药材交流会 3 天了，一般人见我的药材都嫌小，都不愿意买，今天我可是遇见真正的行家了！来，我送您一些！”药商执意送给师生一些化橘红。这些赠品后来一直是金世元讲课的样品，令无数学生获益。

这一堂又一堂宝贵的实践课，极大地丰富了弟子们的知识面，弥补了他们实践经验的欠缺，显著提高了学生在药材鉴别方面的技能与中医药理论知识水平。

在金世元作为师承制导师带徒传授经验的 7 年里，除了带领徒弟深入全国重点药材市场，了解药材的宏观布局和地域特色，还带领弟子们去过同仁堂集团细料库实习，鉴别稀有贵重药材；到中国医学科学院药用植物实验场见习，了解全国药材植物形态；深入药材种植基地，了解药材在生长中的原植物形态；数次上山采药，增加实际操作知识；到河北安国、安徽亳州等有药材种植历史传统的省市与药农直接接触，了解采收季节和产地加工情况；到养鹿场直观学习鹿茸不同生长时期的茸形特征和锯茸、烫茸、切片全过程等等。

在学习中药炮制的过程中，金世元还要求每位学生至少去饮片厂 3 次，分别到不同车间学习，以见到更多种药材的炮制加工过程。比如，到净选车间学习如何通过去须、去壳、去核等方法除掉药材杂质及非入药部分，使药物纯净清洁；到切制车间学习如何对不同药材进行洗、泡、浸、润，并根据药材质地切成不同的片、段、块等形状，以利于煎出有效成分；到炮制车间学习不同药材的炒制方法。炒制有清炒和加辅料炒之分，清炒分为炒黄、炒焦、炒炭，加辅料炒则分为加固体辅料与加液体辅料。加固体辅料炒还细分为麸炒、土炒、滑石粉炒等不同方法；加液体辅料炒（又称炙）则分为蜜炙、酒炙、醋炙、盐水炙、生姜炙等方法；其他还有煅、蒸、煮的方法。这些不同的炮制方法，有的是为了增强疗效，有的是为了引药归经，还有的是为了降低毒性和缓和副作用，只有理解不同炮制方法的目的、熟悉炮制过程的各个环节，才能对中药饮片的质量作出准确的鉴别。在金世元的严格要求下，学生们通过反复实习，对中药炮制过程有了深刻理解，在日后中药饮片的质量鉴别工作中，发挥了巨大作用。

7 年里，金世元为培养中药学术带头人，将自己的经验毫无保留，倾囊相授，出色地完成了国家托付的重任。1994 年，金世元荣获人事部、卫生部、国家中医药管理局颁发的师承制优秀导师证书。

解析成药配方
论著指导实践

“学者必须博极医源，精勤不倦。”金世元少年时代的名医恩师常常引用孙思邈这句话，对这一教诲，金世元始终牢记在心，在繁忙的教学与科研实践同时，他坚持翻阅大量古代医学典籍，深入钻研中医药知识，一直不断充实提高着自己。随着钻研日深，他逐渐形成了自己的理论体系，并不断积极地探索。

1982年，金世元发现北京市场上有两种牛黄清心丸。一种是北京同仁堂出品的“局方牛黄清心丸”，处方来源于宋代《太平惠民和剂局方》，其组成药物有山药、人参、白术、甘草、茯苓、当归、川芎、白芍、阿胶、麦门冬、牛黄、犀角（现已代用）、羚羊角、麝香等，用于治疗气血不足、虚风内动引起的头晕目眩、虚烦失眠、胸中郁热，甚至言语不清、口眼㖞斜、神志昏乱等中风之证。另一种则是沈阳中药一厂出品的“牛黄清心丸”，其药物组成为：人工牛黄、黄芩、黄柏、大黄，主治邪热冲心、口干烦渴、神志不清、头痛齿痛。

这两种药，都叫“牛黄清心丸”，药名相同，但由于药方不同，实际上疗效截然不同，一个是清虚热的，另一个则泻实火。中医学认为，中风之证多属正虚邪实、肝阳上亢所致，如果用“局方牛黄清心丸”治疗，通常效果极好；但如果误用了泻火通便的“牛黄清心丸”，效果就相反了。

不久之后，金世元再次发现河南洛阳制药厂出品的一种“苏合丸”，与古方“苏合香丸”的简称完全相同，但组方却迥然有别。古方苏合香丸也来源于宋代的《太平惠民和剂局方》，是历史上一种名贵成药，简称正是“苏合丸”。它的药物组成有苏合香、安息香、麝香、檀香、木香、沉香、丁香、乳香、冰片等，善治中风寒邪、痰浊内闭之证，具有苏醒神志、温通开窍之功。而河南洛阳制药厂生产的“苏合丸”，组方却是乳香、没药、白附子、薄荷、紫苏、荆芥、柴胡、前胡、木香、陈皮、厚朴等，主治突然昏迷、痰壅等。这是一种非常可怕的混淆。如果患寒邪内闭昏迷的病人误服了河南洛阳制药厂的“苏合丸”，必然会贻误病情，严重的甚至可能危及生命。

金世元针对以上两种成药混淆的现象，及时撰写文章发表在《北京中医》杂志上，提醒全国临床医师在应用时要加以注意，同时也对混淆药品的厂家提出了批评。文章发表之后，为早日结束混淆状态，金世元不敢耽搁，迅速将这两种成药混淆的具体情况写成了《关于中成药组方和生产的几项建议》，上报卫生部药政管理局。这些建议受到了高度重视并被迅速采纳，卫生部及时以红头文件将原文转发给了全国各省、市卫生厅（局）参照执行，两家混淆名称的药厂也立即作出了改正。

1984 年，金世元发现北京市场上有 9 种不同厂家生产的天麻丸，它们都是同一种药，可说明书上介绍的功效却各不相同。金世元对比了这些说明书，发现除了在吉林省国营抚松制药厂的说明书里，天麻丸的功效与《中国药典》里记载的相同外，其他各厂都在说明书上私下添加了疗效，比如增加了治疗高血压、治疗小儿惊厥、治疗顽固性头痛、治疗小儿麻痹后遗症等，而这实在与古方天麻丸的功效有原则性的区别。天麻丸始载于明代《景岳全书》第 54 卷“风痹”项下，其组成药物为：天麻、羌活、独活、萆薢、附子、炒杜仲、当归、地黄、玄参。天麻丸具有散风湿、舒经络等功效，主要用于外受风寒湿邪，侵袭经络，留连日久，伤及肝肾所致的手足麻木、腰腿疼痛、筋骨无力等。这个效用，与有些药厂说明书里私下增加的疗效截然不同。

比如说“高血压病”，按中医学理论，它多属于阴虚阳亢之证，治疗用育阴潜阳为法居多。天麻丸配方中的羌活、独活均为辛温宣散、解表胜湿之品，附子为辛热助阳之药，这些辛温燥热药物，如用于治疗高血压病，势必造成燥药伤阴，更会引起肝阳上亢，甚至造成肝阳无制，加重病情。

再说“小儿惊厥”。“惊厥”即指惊风而言，是一种小儿临床常见证候。惊风一般分为急惊风与慢惊风两类，以急惊风为多见。引起急惊风的原因很多，常见的包括热性、急性病如小儿肺炎、中毒性痢疾、流行性乙型脑炎等。如果持续高烧不退，也可能引起惊风。它多由热邪炽盛、侵犯心肝所致，应急以清心凉肝、泻热解毒、息风定惊的药进行救治，比如用羚羊角、牛黄、胆南星、全蝎等药物是为正治。这个病如果误用了天麻丸，病机变化将是怎样的后果呢？天麻丸的配方中虽然有天麻，但绝非针对“惊厥”而设，因为天麻丸配方中的重点羌活、独活、附子都是辛温燥烈之品，具有升散解表、补火助阳的作用。如果用天麻丸治疗急惊风，势必形成“抱薪救火”，更会引动肝风，促使病情恶化。

这 8 家药厂天麻丸说明书上不确切的疗效，和混淆成药名称一样，都是不可忽视的问题。金世元又及时撰写了《评市售天麻丸的功效》一文，发表在《北京中医》上，再度引起了全国临床医学界的高度重视。

像这两篇文章一样，自 20 世纪 60 年代以来，金世元陆续发表过独立撰写的重要学术论文 70 余篇，普遍都具有明确的针对性和重要的实际意义，引起了广泛的反响。其中《中成药的生产必须符合中医治疗特点》一文，被国家医药管理局中成药情报中心和《中成药研究》杂志评为向国庆35周年献礼的优秀论文；《医药结合是提高临床疗效和节约药材的重要途径》一文，被中国药学会评为1984年度最佳论文；其他如《介绍中药调剂基本操作》、《中药处方常用名称的解释》、《谈谈中药炮制与临床疗效的关系》、《从中医处方“脚注”谈医药结合》、《地道药材的含义及内容》、《谈谈中药材产地加工与改进意见》、《合理编制中药“斗谱”》、《张仲景创制的方剂衍生及发展》、《地道“橘”的药用品种与质量》等多篇论文，都因具有重要的实际意义，而引起了医药界的广泛反响。

除了这些具有实际意义的论文，金世元还撰写主编了多部重要中药学著作。20世纪70年代中后期，他在实践中发现，临床中医尤其中青年中医经常对传统中成药的历史来源、药物组成、配伍意义、适应证及禁忌搞不清楚，错用乱用中成药的现象较常见，而关于指导合理使用中成药的书籍还属空白。于是，工作之余，他每天笔耕不辍，以自己多年的经验积累，又查阅了大量的文献资料，按照切合临床辨证用药的原则，历时 6 年，终于写出了《中成药合理使用》一书，1984 年由人民卫生出版社出版。该书按照内、妇、儿、外、五官各科划分体例，对医用处方进行了全面诠释，论述清晰，通俗易懂。全书共计 29 万字，载药 490 种，对每种成药都编写了处方来源、药物组成、剂型、用法用量、功用、适应证、方解、附注等内容，条分缕析，其中以方解为重点。书一出版就受到了医药界的热烈好评，并成为指导临床合理使用中成药的主要参考依据，短时间内竟连续 7 次重印仍供不应求。

1988 年，金世元应卫生部特邀，参加了组织编写全国中专中医药学校统编教材的工作，由他主编的《中药炮制学》一书先后几次重印，作为培养中药技术人才的主要专业教材深受欢迎。在那以后，金世元与他人合作，陆续撰写与主编了《中药基础知识简编》（1984 年）、《中药炮制大全》（1999 年）、《大众用药手册》（2000 年）、《北京市中药饮片标准》（2000 年）、《中药鉴别大全》（2002 年）、《脑心同治》（2006 年）；参加编辑了《北京市药品标准》、《北京市炮制规范》、《中药大全》、《中药材大辞典》、《中成药大辞典》、《北京市中药调剂规程》、《北京市中成药制剂标准》、《妇女家庭用药常识》、《临床药学进展》、《中华本草》、《北京市精致饮片标准》、《假冒伪劣商品的识别（中药部分）》、《国家非处方药专论》、《国家非处方药标准》等十几部中药学著作；并主审了《中药调剂学概论》、《现代中药商品手册》等多部著作。

几十年来，在教学科研实践之余，金世元就这样坚持潜心钻研，笔耕不辍，将他在多年中药工作中积累的丰富经验与深厚的中药学理论知识融会贯通，为社会贡献了一个又一个理论成果。直到 2004 年，年近八旬的金世元仍以顽强的毅力主编了《中药饮片炮制研究与临床应用》一书，对古今中药炮制的技术、目的、作用、理论和应用，尤其是 1949 年以来中药炮制研究取得的成就，做了比较完整的阶段性归纳与总结，对中药饮片炮制理论的完善和发展，培养炮制技术后继人才，作出了重要贡献。

承担社会重托
普查药材市场

随着教学影响和学术声望不断扩大，金世元在中医药领域和社会上担负起了更多责任，逐渐发挥出更大的作用。

1987年，金世元被北京市人民政府聘为中专教育系统高级讲师评审委员。

1987年由中国药材公司组织的全国药材系统中药人员大赛，1991年由国家中医药管理局组织的全国卫生系统中药人员知识大赛，1997年由国家中医药管理局组织的全国药材系统中药调剂人员技能大赛，金世元均受聘为主考，主持理论试题的拟定和技术操作项目的设计，并在大会上为全国同行讲解演示正规的中药调剂操作过程，令全体参赛者受益匪浅。

1990年，金世元被国家中医药管理局聘为中医、中药科技进步和科技成果的审评专家。多年来，陆续参加过长春、南京、银川、北京、杭州、宁波、长沙等地的评审工作，他以高度专业的专家角度对每个项目作出了评价，为推进中医药继承创新贡献力量。

1986年、1991年，金世元两度受聘为国家中医药管理局全国中药材系统高级职称评审委员会委员，参加北京、上海、山西等地的中药材系统高级职称评审工作。

1995～1998年，金世元应邀参加北京市公费医疗、劳保医疗用药报销范围品种选定工作，并受聘为北京市基本医疗保险用药中成药遴选专家组组长，提出了选定中成药的原则和意见："配方必须符合中医基础理论，具有中医药特色，安全有效，工艺先进，剂型合理，便于使用。在同类成药中，凡处方类似、工艺相仿、疗效雷同的品种，哪种价格优惠，选哪种。”这一原则被北京市卫生局和劳动局采纳。1997～1998 年，先后两次公布实施的《用药报销范围》，通过实践证实，范围内选定的品种基本适应各科临床辨证用药。金世元还运用丰富的中成药知识，将报销范围的 470 种中成药按病症分类，编定了品种目录。这些工作对临床辨证选药，提高中成药疗效，节约医疗费用，杜绝医药资源浪费，都发挥了重要作用。凡此种种，不一而足，贡献良多，而其中最有代表性的，是他在整顿中药材专业市场工作中发挥的巨大作用。

中药材市场的整顿，是历史遗留问题。金世元曾详细地梳理过中药材市场的历史沿革，各个时期的特点。从 20 世纪 30 年代开始，全国逐渐形成了河北祁州（今安国），安徽亳州，河南禹州、百泉，江西樟树“五大药市”。这些药市每年定期以庙会的形式邀集各省、市药商到会交易，参会药商依照经营品种范围和产地而分成了不同的“邦”，每一个“邦”，都有自己独立经营的药材品种。比如“四川邦”，主要经营四川、云南、贵州及湖北鄂西地区的产品，如黄连、川芎、川贝母、川麦冬、川白芷、川牛膝、川佛手、川枳壳、川白芍、天麻、天门冬、吴茱萸、朱砂、川厚朴等；“广邦”则主要经营两广和进口品种，如广藿香、广陈皮、化橘红、阳春砂、肉桂、蛤蚧、穿山甲、益智、草豆蔻、草果及进口药材乳香、豆蔻、砂仁、进口木香等；“关东邦”（又称营口邦）重点经营辽宁、吉林、黑龙江品种，如各档人参、黄毛鹿茸、青毛鹿茸、北五味子、关黄柏、关木通、龙胆、防风、木贼、细辛、关苍术、牛蒡子、关石决明、淫羊藿、蛤蟆油等。像这样的“邦”一共有13个，故称“十三邦”。“十三邦”以外又有“京通卫邦”，指的是北京、天津和通州的买货客商，他们往往是这几个城市的大型药店或大型原料药材批发商、饮片加工批发庄，如大型药店同仁堂、宏仁堂、怀仁堂、永仁堂、继仁堂、乐仁堂、西鹤年堂、同济堂、永安堂、万余堂、庆仁堂、庆颐堂、千芝堂、南山堂等，饮片批发庄同春堂、同和药庄、得有药庄、义泰药庄、义和药庄及通州益元堂等。那时候，在药材市场买卖还必须经过当地药行（又称行栈）或个体经纪人（俗称跑合），买卖成交后要付3%的佣金，因此一般中、小药店都会由这些大型原料药材批发商或饮片批发庄代进货。为了在此基础上保证药商的利益，各药材市场都制定了严格的行规，买卖各方均需诚信为本、公平交易、按质论价，决不允许掺假、造假，如有此种行为，一旦发现会有行会出面没收全部药材，并将商贩逐出市场，通告业界。这样的经营秩序一直延续到了1937年。

在那之后，由于战乱纷扰，交通受阻，营业萧条，药材市场的买卖客商逐渐转移到了大城市，如天津、上海、武汉、广州等地，交易中仍以诚信为本，货真价实，而且各批发商也形成了各自经营的品种特色，比如天津，同义公药行经营西北来的药材，慎昌药行经营浙江宁波来的药材，德兴隆药行经营河北及祁州的特产药材等等。这样的药材地区购销市场模式，一直延续到了1956年，在全行业公私合营时才停止。

公私合营时，中药行业统一按行归口，拿北京市来说，所有私营中药企业全部合并入了北京市药材公司，药材购销方式纳入了国家计划范围。这一时期，除国家指令性和指导性的24个品种外，其他大部分药材通过每年举办的三四次全国药材交流会在各省、市之间签订购销合同，会后按合同执行。这种购销制度，完全是公对公，不掺杂私人经济成分，因此那一时期也几乎没有假药在市场销售。

自20世纪80年代以来，计划经济体制逐

步向市场经济体制转变，中国药材公司下属的各省、市药材公司以及再下属的二级公司逐步改为自主经营、自行买卖。于是，30年代旧有的药材市场如安国、亳州、禹州、百泉、樟树等地开始出现私人自发集中买卖药材，后来改由当地政府主办，收益可观，逐渐拉动了当地经济发展。影响扩大后，很多地区效仿而上，纷纷恢复和建立药材市场，短短几年时间，全国各地就由过去的5个药材市场很快发展到了117个，一时引发了百业卖药，很多不懂药的药盲也加入了进来，贿赂推销等不良风气开始抬头，导致中药材市场过多、过滥，伪劣药材层出不穷，严重影响了中药声誉，阻碍了中医药事业的发展。

针对这种情况，政府开始逐步加强管理和引导。1995年，国务院发出（1995）五十三号文件《关于整顿全国中药材专业市场的通知》，明确指定卫生部、国家中医药管理局、国家医药管理局三家单位具体执行整顿工作。经过初步调查后，三家机构决定在当时全国 117 个药材市场中仅保留 17 个，取消 100 个。但保留哪 17 个？依照什么标准取缔和保留？

1995～1998 年，卫生部、国家中医药管理局、国家医药管理局（后由国家药监局主管）为贯彻国务院五十三号文件精神，专门组织检查团，特聘金世元为中药鉴别专家，作为整顿工作顾问，帮助解决这一难点问题。

金世元应检查团之邀，首先详细梳理了中药材市场的历史沿革情况，并结合药材产地和药材经营的地区传统，分析了几大主要市场的优势。这些历史情况、产地知识，以及不同时期药材市场管理的宝贵经验，为明确药材市场和整顿工作提供了重要借鉴。随后，检查团就开始了艰苦的全面检查与整顿工作。

那时金世元年近古稀，但仍然不辞辛苦，亲自随检查团深入各地药材市场明察暗访，检查伪劣药品。

在近五年的考察时间里，金世元认真负责，一丝不苟，发现了很多伪劣药品和很多严重的造假情况，他以熟练的鉴别药材技能和丰富的中药炮制经验，一一加以揭穿或严格纠正。这个工作不好做，有时还会遇到抵触、恫吓，但是他始终坚持不懈，常说："派我来，就是要给药材把关。药是治病救人的，不能害人啊!"

渐渐地，"检查团里有个金药王"的说法传了出去。"火眼金睛的金老头来了!"每巡视一处药材市场，当远远看见那个瘦削、精神矍铄的老爷子来了，那些造假药商们便闻风而逃或主动认错。而还有些人则盼着金世元来，因为金世元每一次在指出假冒伪劣情况时，还会认真地说明真品的来源、产地、性状特征或者正确的炮制方法，并严正指出伪劣药材和非法炮制药品的严重危害。每一次"打假"的过程，也是一次教学课，既教育了许多造假药商，也影响了无数中药师。

后来，应药材市场和药商恳切要求，为提高药材市场从业人员整体素质，金世元分别在1996年给河北安国、安徽亳州两个药材市场及2001年给甘肃黄河、江西樟树两个药材市场的药商集中讲课，答疑解惑，讲解正确炮制方法，普及地道药材知识，反映很好。

通过对药材市场的全面检查整顿，最后，全国保留了河北安国、安徽亳州、成都荷花池、河南禹州、江西樟树、昆明菊花园、甘肃黄河、山东鄄城、黑龙江三棵树、湖北蕲春等17个中药材市场，药材市场整顿工作圆满完成。而金世元在这次普查工作中表现出的顽强作风、丰富经验、高超技能和鉴别本领，在中医药界一时传为美谈，令同行纷纷钦佩赞叹。

20世纪90年代以来，金世元陆续担任了科技部国家秘密技术中医中药审查专家、国家食品药品监督管理局国家基本药物审评专家、中华中医药学会终身理事、中成药分会名誉主任委员、临床药物评价专家、北京中医药学会学术顾问、中国老教授协会医药专业委员会学术顾问、国家中医中药名词委员会审定委员、北京市老医药卫生工作者协会知名专家委员会委员、中国老年保健协会委员、中国抗癌基金委员会委员等多种职务；并先后担任《首都医药》、《北京中医》、《现代中药研究与信息》、《中国保健食品》、《中国养生大世界》等杂志编委。

继普查中药材市场后，金世元还担负行业重托，应邀陆续考察过宁夏枸杞子基地，安徽亳州黄芩、桔梗、天南星、牡丹皮基地，河北安国北沙参、天花粉、板蓝根、黄芩基地，陕西商洛丹参基地，重庆石柱黄连基地等十几个大型药材基地，为确保各大基地引种药材品种准确，指导药材栽培、采收与产地加工工作，并从货源角度保证药材质量与供应，发挥了很大作用。

我国野生药材资源丰富，金世元陆续考察了吉林长白山林区，云南西双版纳、大理、昭通、丽江、中甸地区，四川阿坝州的松潘、马尔康、泸定、雅安地区，湖北神农架等十几个野生药材资源基地，掌握了全国野生中药材资源分布情况，对中药材资源的可持续发展提供了很多宝贵意见。

所谓“医者父母心”，师者“甘为人梯”，金世元从小深受名医教诲，后来又多年从事教学，医家风范与师家风范融为一体，他和蔼可亲，平易近人，乐于助人，有求必应，因而向他求教的人也就越来越多。多年来，他陆续指导过的单位包括北京医院中药房、朝阳医院中药房、宣武医院中药房、北京人卫中药饮片厂、四方饮片厂、燕京饮片厂、河北以岭药业公司、陕西步长制药公司、河南宛西制药公司等几十家重要医疗机构、药厂；并为北京同仁堂集团公司、中国药材集团公司、北京金象医药集团公司、北京卫仁中药饮片厂、北京四方中药饮片厂、四川太极制药集团公司、山东东阿阿胶制药公司、河北颈复康制药集团公司、广东宏兴制药公司、吉林华康制药公司等多家重点中药生产厂家担任长年技术顾问，为创造优质产品，繁荣中药行业，贡献了很多宝贵经验。

身退壮志犹存
桑榆霞光映天

金世元对中医药事业作出的巨大贡献，得到了国家和社会的高度认可。1963 年，他作为北京中药材行业的代表，参加了全国第一次科技大会；1985 年，他被评为北京市“自学成才标兵”；1988 年，他被评为北京市“有突出贡献的专家”；1990 年，他被人事部、卫生部、国家中医药管理局确定为全国首批五百名老中医药专家学术经验继承工作指导老师之一；1991 年，他获得国务院政府特殊津贴（为北京中药界当时唯一一位获此殊荣的中药专家）。1999 年，他的事迹收录进卫生部编写的《中国卫生工作五十年》纪念册中。

然而在荣誉和成绩面前，金世元是这样评价自己的，他说：“我只是对中医药比较热爱，肯于学习，勤奋刻苦，愿意钻研而已，没有什么突出贡献和成就，政府给了很多荣誉和表彰，同道们给了很多赞赏和肯定，我实感愧不敢当和不安，因为我的成绩与中医药事业的要求相比，可谓沧海一粟……”

清代大医叶天士在《临证指南医案·华序》中曾说：“良医处世，不矜名，不计利，此其立德也；挽回造化，立起沉疴，此其立功也；阐发蕴奥，聿著方书，此其立言也。”金世元在70年来的医药工作中，虚怀若谷，不为名利，完全凭着对中药事业自然纯朴的真挚感情，自学成才，刻苦钻研，无私奉献，教书育人，著书立说，立德、立功又立言，这正是医心近佛、大医风骨，为年轻一代中医药工作者树立了榜样。

作为我国著名的中药学家，金世元能医擅

药，学识渊博，实践经验丰富，他的足迹踏遍了大江南北，在鉴别药材真、伪、优、劣方面经验丰富；对药材的性状特征、产地、产季、产地加工、规格、质量见解独到；对中成药的处方来源、历史考证、药物组成、方义方解以及功效特点等造诣极深；中药炮制和中药调剂技艺深湛。

作为北京卫生学校中药专业的重要创建人，他治学严谨，求真务实，教学科研成果丰硕，在奉献自己精湛的中医药技术同时，为国家培养了大量人才，为弘扬民族优秀文化、振兴中医药事业作出了突出贡献。

在生活中，金世元性格和蔼，平易风趣，乐于助人，在低谷面前不气馁，在机遇面前努力把握，自学成才，一生追求进步。他执著追求与无私奉献的崇高精神赢得了广大中医药工作者的深深崇敬和爱戴。

进入 21 世纪以来，金世元不顾年高，依然精神饱满地为中医药事业忙碌着。作为全国名老中医专家临床经验高级讲习班内资历最深的老专家，2001 年，他在北京为学生主讲了《中药炮制与临床应用》；2004 年，在香港主讲了《中成药的合理使用》；2005 年，在银川主讲过《论地道药材》；2006 年，在云南大理主讲了“中药在处方中常用名称术语的解释”等专题课程。此外，他还应社会医疗需求，在中央电视台《夕阳红》、《名医鉴药》、《中华医药》等栏目中做客为观众讲解过“真假阿胶鉴别”，以及牛黄清心丸、安宫牛黄丸、六味地黄丸等重要中成药的组方、疗效特点和适应证，观众反响热烈。

如今，依然常有经营、生产、科研、教学等单位和医院中药房的人到金世元家登门求教。2006 年，由北京市中医管理局主持，北京市科委批准，“总结著名中药专家金世元的学术经验和技术专长”立项为重要科研课题；2007 年 6

月，文化部认定金世元为国家非物质文化遗产“中药炮制技术”项目两位代表性传承人之一；2007 年，北京市中医管理局根据《北京市中医药薪火传承 3+3 工程实施方案》确定为以金世元为首的 20 名老中医建设工作室。金世元的工作室建立在首都医科大学中医药学院。直到这一年，已经 81 岁的金世元才刚刚退休，离开教学岗位。但他仍然在家里坚持“上班”，为北京市中医管理局的科研课题整理自己的多年心得与学术经验。

2009 年 1 月 9 日，基于金世元医药学术的高深造诣，对祖国中医药事业发展的突出贡献，北京市卫生局、人事局、中医管理局授予金世元“首都国医名师”荣誉称号。

金世元曾这样说起过自己对中药的感情，“我从小学徒学的就是药徒，和中药太亲近了。这药本来就是大自然的精华，人呢，也是大自然的产物，也必须依赖大自然才能生存，这里面的关系呀，天然就是这么亲近……”如今，金世元迎来了他从业的第七十一个年头，他仍以深厚的感情，为中华医药事业贡献着力量。

（撰稿人　田　刘）

#《中华中医昆仑》丛书 150 位医家名录

（按生年排序）

张锡纯	丁甘仁	萧龙友	王朴诚	恽铁樵
曹炳章	冉雪峰	谢　观	施今墨	汪逢春
孔伯华	黄竹斋	吴佩衡	蒲辅周	陈邦贤
李翰卿	李斯炽	姚国美	陆渊雷	张泽生
时逸人	张梦侬	叶橘泉	王聘贤	陈慎吾
邹云翔	赵炳南	承淡安	余无言	刘惠民
岳美中	沈仲圭	秦伯未	赵锡武	韦文贵
程门雪	黄文东	赵心波	董廷瑶	吴考槃
章次公	石筱山	陆南山	张赞臣	李聪甫
刘绍武	陈存仁	朱仁康	陆瘦燕	姜春华
韩百灵	高仲山	李克绍	王鹏飞	刘春圃
金寿山	哈荔田	何世英	周凤梧	干祖望
关幼波	王为兰	任应秋	罗元恺	祝谌予
杨医亚	郭士魁	何时希	耿鉴庭	俞慎初

裘沛然	顾伯华	江育仁	邓铁涛	门纯德
刘渡舟	尚天裕	朱良春	李玉奇	程士德
尚志钧	赵绍琴	董建华	米伯让	李辅仁
张珍玉	班秀文	颜正华	于己百	颜德馨
路志正	方药中	王乐匋	黄星垣	谢海洲
余桂清	何　任	王子瑜	程莘农	陈彤云
焦树德	张作舟	张　琪	李寿山	张镜人
王绵之	方和谦	印会河	王玉川	蔡小荪
李振华	马继兴	王嘉麟	宋祚民	刘弼臣
王雪苔	刘志明	吴咸中	李今庸	任继学
裴学义	王宝恩	周霭祥	贺普仁	唐由之
赵冠英	许润三	金世元	陆广莘	刘柏龄
徐景藩	吉良晨	吴定寰	沈自尹	王孝涛
张灿玾	周仲瑛	强巴赤列	张代钊	李经纬
郭维淮	柴松岩	苏荣扎布	陈可冀	李济仁
夏桂成	郭子光	巴黑·玉素甫	张学文	陈介甫